AF247726

# CONDUITE

## QU'ONT TENUE ENVERS MOI

### LES MINISTRES DE L'ANCIEN RÉGIME
### AVEC CELLE DES MINISTRES DU NOUVEAU REGIME.

# TABLEAU COMPARÉ

## DE LA CONDUITE

QU'ONT TENUE ENVERS MOI

LES MINISTRES DE L'ANCIEN RÉGIME

AVEC CELLE DES MINISTRES DU NOUVEAU RÉGIME;

Par B. G. SAGE,

DE L'ACADÉMIE ROYALE DES SCIENCES DE PARIS,
FONDATEUR ET DIRECTEUR
DE LA PREMIÈRE ÉCOLE DES MINES.

Post nubila Phœbus.

~~~~~~

A PARIS,

DE L'IMPRIMERIE DE P. DIDOT L'AÎNÉ.

M. DCCCXIV.
~~~~~~

# AU ROI.

SIRE,

*Je terminerai ma longue carrière avec satisfaction voyant enfin mon pays respirer sous un Roi légitime et vertueux, protecteur des sciences, des lettres, et des arts; qui sait que ce n'est que par une paix durable que la France peut être revivifiée.*

*Je conserve toujours, SIRE,*

*la plus vive reconnaissance de la protection spéciale dont VOTRE MAJESTÉ m'a honoré, en faisant créer en ma faveur la chaire que je remplis.*

B. G. SAGE.

# BUT DE CETTE BROCHURE.

Touchant aux limites de la vie, puisque j'entre dans ma soixante-quinzième année, je me fais un devoir d'exprimer tout ce que je dois à l'ancien Gouvernement, qui m'a honoré en reconnaissance des services que j'ai rendus.

Les faits que j'expose aussi dans cette brochure font connaître la persécution atroce que j'ai éprouvée pendant et depuis la révolution. Ces mauvais traitements, loin de flétrir mon ame, l'ont agrandie, et n'ont pu me faire changer d'opinion.

Je n'ai pas trouvé d'autre moyen de me venger que de me rendre de plus en plus utile, comme le prouvent mes Institutions et mes Opuscules de Physique, ouvrages que j'ai publiés dans l'espace de trois années, ainsi que mon Traité sur les Poisons, que je regarde comme un présent fait à l'humanité. Un travail quotidien et une méditation continue, qui m'aident à remplir le vide immense que laisse la cécité, me conduisent tous les jours à de nouvelles vérités, dont je fais part dans mes cours publics que je remplis, quoique je sois aveugle depuis neuf années; on sait que c'est ma cinquante-cinquième de professorat. C'est afin de faire jouir le public des nouvelles découvertes que je viens de faire, que je les ai insérées sommairement à la fin de cette brochure : la table synoptique ci-après indique ce qu'elle contient.

# TABLE

## DES FAITS RAPPORTÉS

### DANS CETTE BROCHURE.

FIN DE LA TABLE.

# CONDUITE
## QU'ONT TENUE ENVERS MOI
## LES MINISTRES
### DE L'ANCIEN RÉGIME.

---

Adonné par goût à l'étude de l'histoire naturelle, la botanique fut une des parties que je suivis avec soin.

Desirant conserver dans mon herbier les fleurs, j'estimai que j'y parviendrais en absorbant l'humidité qui se trouve dans le parenchyme de leurs pétales, par du papier brouillard très fin que j'interposais, et en les soumettant ensuite à une légère pression, ayant soin de changer tous les jours les papiers. L'humidité ainsi enlevée, la sève des pétales n'éprouvant plus de fermentation, leur couleur était immuable.

J'avais formé des tableaux du systême

de Tournefort, en y disposant des fleurs ainsi desséchées : elles avaient la vivacité de la peinture, et la forme que la nature leur avait donnée. J'allais souvent au Petit-Trianon, où Louis XV avait le plus beau jardin de botanique connu, rangé d'après le systême de B. de Jussieu; j'y allais butiner des fleurs. Ce prince me surprit un jour lorsque j'en arrangeais dans un livre entre les papiers; il me demanda ce que j'en faisais. Je lui répondis : Les unes sont pour mon herbier, et les autres pour des tableaux dont j'orne mon cabinet.

Huit jours après, je portai à ce prince deux de mes tableaux. Il aimait la botanique, et me dit avec grace : *Ils décoreront aussi mon cabinet.* Il fit venir M. le duc de la Vrillière, alors ministre, et lui recommanda de s'informer de ma fortune. Ce ministre lui ayant dit que je m'occupais principalement de la chimie, de la minéralogie, de la métallurgie : *Vous oubliez de parler de la botanique?* dit ce prince; *je sais qu'il n'est pas riche, et qu'il fait des cours publics et gratuits.*

*Je lui accorde une pension de* 5,000 f. (1).

M. le maréchal Dumuy, ministre de la guerre, qui fut justement reconnu comme un des hommes les plus vertueux et les plus philanthropes, ayant reçu un mémoire dans lequel on dénonçait le pain de munition comme dissentérique, scorbutique, et putride, parcequ'il contenait du son, me chargea de suivre des expériences propres à faire connaître la vérité. Ces expériences m'ont démontré que cette assertion alarmante était imaginaire. Le ministre fit imprimer, au Louvre, le résultat de mon travail, sous le titre d'*Analyse des Blés*. Cette brochure fut tirée à 4,000 exemplaires, qui furent distribués aux armées et au public.

Les découvertes que j'eus occasion de faire alors me firent connaître la cause de l'altération du froment et le moyen d'y obvier. C'est ce moyen simple de déterminer la bonté du froment, par l'état où

---

(1) Pension qui a été réduite à mille francs pendant la révolution.

se trouve la matière glutineuse de ce grain, qui a servi de base à la démarche que fit alors le parlement de Paris, pour remontrer à Louis XVI que les blés déposés dans les greniers des Augustins , des Célestins, etc., devaient être rejetés , parceque leur farine n'était pas propre à la confection panaire , qu'elle était en outre délétère , et que ces mêmes froments n'étaient point susceptibles de germination.

M. de Miromesnil, garde des sceaux, me nomma censeur royal, ce qui meubla ma bibliothèque de tous les voyages pittoresques , et de tout ce qui tenait aux sciences.

M. Necker, ministre des finances, fit créer en ma faveur une chaire de minéralogie docimastique, dans l'Hôtel des Monnaies, avec un traitement de 2,000 f.; traitement dont je suis privé depuis vingt-deux années , par décret de l'assemblée constituante, dicté par M. Lebrun, alors président du comité des finances, ce qui me fait un déficit de 44,000 fr.

M. de Fleury, ministre des finances, me

désigna pour remplir la place de commissaire du conseil (1) pour l'essai des mines. C'est ce même ministre qui obtint de Louis XVI, à ma sollicitation, la création de l'Ecole des Mines que j'ai dirigée jusqu'à l'époque de la révolution.

M. d'Ormesson, ministre des finances, acheta pour le Gouvernement une partie de mon cabinet et de mon laboratoire, moyennant 19,000 fr., et une rente viagère de 5,000 fr., qui a été réduite au tiers dans la révolution.

C'est sous M. de Calonne, ministre des finances, que mon cabinet et mon laboratoire ont été décorés de manière à offrir un des plus beaux monuments d'architecture (2) de Paris, à la confection duquel j'ai concouru, en y consacrant 40,000 fr., bienfait que je tenais de la munificence

---

(1) Place dont le traitement était de 6,000 fr., dont je suis privé depuis vingt-deux années; ce qui fait 132,000 fr.

(2) C'est d'après les plans de M. Antoine, célèbre architecte, que ce monument a été exécuté.

de Louis XVI, auquel j'avais fait retirer 440,000 fr. de vieilles dorures dont des Juifs n'avaient offert que 20,000 écus. Les 400,000 fr. qui restaient ont été employés à la construction du garde-meuble de Versailles, qui est devenu la résidence du préfet.

Lorsque le Directoire m'eut fait livrer le local qui forme les trois galeries supplémentaires de mon cabinet, j'ai dépensé 12,000 fr. pour les faire décorer.

Des souverains étrangers, étant venus voir mon cabinet, admirèrent la belle architecture qui en fait un des ornements, et me prièrent de leur en donner la gravure. Leur ayant répondu qu'il n'en existait pas, ils me dirent : *Les ministres ont donc une grande indifférence pour le beau dans votre pays* (1)?

Ayant rappelé à la vie un oiseau que

_______________

(1) Je crus devoir faire part à M. de Montalivet, ministre de l'intérieur, de cette demande, en l'invitant à faire dessiner et graver ce monument; il ne me répondit pas.

Lavoisier disait avoir frappé de mort, en versant de l'air fixe dans le bocal où était cet oiseau; expérience qu'il fit dans la séance de l'Académie des sciences, en présence de Joseph II, empereur d'Allemagne, je priai ce prince de me faire passer l'oiseau. Il me dit : Il est mort. Je lui répondis : Je crois qu'il n'est qu'en asphyxie, c'est-à-dire en état de mort apparente, ce qui va être démontré si l'alcali volatil fluor le rappelle à la vie; ce qui eut lieu.

Joseph II me fit l'honneur de venir me voir et me complimenter, en m'engageant à donner suite à mes expériences; ce que je fis. Je les ai publiées dans une brochure qui a pour titre : *Moyen de remédier aux Asphyxies;* ouvrage que M. Lenoir, alors lieutenant de la police, fit imprimer au Louvre, et dont il fut fait plusieurs éditions.

M. de Calonne ayant vu rappeler à la vie une femme qui avait été asphyxiée dans des ateliers, à Metz, me demanda la permission de faire imprimer ma Dissertation, et de la répandre dans cette partie de la France dont il était intendant.

Le roi d'Espagne fit traduire cet ouvrage par le célèbre Ortega, et le fit distribuer dans ses royaumes.

J'ai eu la satisfaction de voir mon Traité sur les Asphixies, traduit dans toutes les langues dans l'espace de moins d'une année.

Sous l'ancien gouvernement, on sut apprécier mes travaux, les services que j'ai rendus aux sciences, aux arts, et à l'humanité; aussi tous mes ouvrages furent-ils imprimés au Louvre; ils offraient alors huit volumes in-8°.

Je ne puis laisser ignorer à la postérité les services essentiels qui m'ont été rendus par des hommes connus par leurs vertus, et par le bonheur qu'ils attachaient d'être utiles à ceux qui suivaient les sciences et les arts.

M. de Malesherbes, dont le nom seul fait l'éloge, m'honora de son amitié, et me fit don des minéraux qu'il avait rassemblés; ils tiennent un rang distingué dans ma collection.

M. de Joubert, trésorier des États de

Languedoc, et digne ami de M. de Malesherbes, m'aida sans intérêt, ce qui me
facilita le moyen d'acquérir tout ce qui
manquoit à ma collection.

Le célèbre Pallas m'envoya des échan-
tillons des minéraux intéressants qu'il dé-
couvrit dans ses voyages en Sibérie.

Madame la margrave de Bade-Dourlac,
qui était venue, avec ses enfants, suivre
mon cours à Paris, m'envoya une belle
collection des minéraux qui se trouvent
dans ses États.

Je manquerais à la reconnaissance, si je
ne faisais pas mention des services insignes
que m'ont rendus B. de Jussieu, Nollet et
d'Angivilliers. Mais de tous les services
qui m'ont été rendus, le plus mémorable
est celui de madame Randell, ma mère
adoptive, la seule personne qui se soit in-
téressée à moi, lorsqu'en 1793 je fus précipité et détenu dans les cachots pendant
trois mois : elle était alors âgée de soixante-
dix ans, et parvint, à prix d'argent, à
obtenir ma liberté.

J'ai une obligation réelle à la révolution,

puisqu'elle m'a fait connaître combien un véritable ami est précieux, et qu'elle m'a fait dépenser des forces que je ne me connaissais pas.

Je tiens de la munificence de Monsieur, frère de Louis XVI, une magnifique collection des mines d'or et d'argent qui ont été trouvées à Allemont en Dauphiné ; collection qui a été faite par M. Schreiberg, célèbre métallurgiste saxon, qui dirigea pour Monsieur l'exploitation de ces mines, qui rapportaient à ce prince 72,000 francs par an, tous frais prélevés. C'est à la protection spéciale de ce prince que je dois la création de la chaire que je remplis.

Ayant publié en 1780 l'art d'essayer l'or et l'argent, le roi d'Espagne ordonna au célèbre Ortega de traduire cet ouvrage, afin qu'il fût répandu dans ses royaumes. Sa Majesté m'envoya, comme un témoignage de sa reconnaissance, le catalogue de sa bibliothèque arabe, et plusieurs autres ouvrages intéressants, que j'ai donnés à la bibliothèque de France, à laquelle ils manquaient, lorsque je fus obligé, pendant la révolution, de vendre mes livres pour subvenir à mes besoins.

Marie-Antoinette d'Autriche m'a fait réintégrer le traitement de 6,000 fr. alloué à ma place de commissaire pour les essais; traitement qui avait été réduit à 2,000 fr. par M. de Fleury, ministre des finances. Cette princesse m'a honoré de sa bienveillance, et venait à ma campagne avec la princesse sa fille et M. le dauphin.

Les visites dont la reine m'honora ayant été dénoncées à la commune de Paris, les citoyens Bailly et Lafayette envoyèrent aussitôt cent cinquante hommes armés pour faire le siège de ma maison de Montalais. Ils firent irruption dans mes jardins et dans mon intérieur, me sommèrent de leur livrer M. le comte d'Artois et mes canons. Je leur dis en riant : Je n'ai jamais eu l'honneur de recevoir monseigneur le comte d'Artois ; mais je vais vous faire voir mes canons. Je fis aussitôt braquer sur ma terrasse mon télescope, qui avait quatre pieds de long, et leur dis : Citoyens, voyez si la commune de Paris a quelque chose à craindre de ce canon ! Les officiers firent retirer leur soldatesque, et rapportèrent à la municipalité qu'on lui avait fait une fausse dénonciation.

Le siège de ma maison de Montalais eut lieu quelques jours avant le sac de l'hôtel du maréchal de Castries. Ma délicieuse campagne était située entre Bellevue et Meudon ; elle appartient à présent à monseigneur Maret, duc *in partibus*.

Bonaparte étant venu voir mon établissement à la Monnaie, parcourut aussi mon cabinet d'objets d'art, s'arrêta devant un portrait en miniature, me demanda le nom de la personne qu'il représentait. Je lui répondis : C'est la reine. *Je ne l'ai jamais vue*, me répliqua-t-il ; *était-elle aussi belle ?* Au moins, lui répliquai-je, voici une médaille qui la retrace, ainsi qu'un médaillon sur cet obélisque. *Vous l'aimiez donc bien, pour l'avoir autant multipliée dans votre cabinet ?* Oui, je l'aimais, parcequ'elle m'a fait du bien.

Madame Bonaparte, qui avait accompagné son époux, vit avec tant d'intérêt ma collection d'objets d'art, qu'elle desira se l'approprier. C'est dans ce dessein qu'elle m'envoya son secrétaire des commandements, pour me demander si je voulais m'en défaire. Je lui dis qu'ayant été dépouillé de toute ma fortune, je me proposais de la réparer en partie en me défaisant de mon cabinet particulier, dont j'avais fait imprimer la description.

Madame Bonaparte m'envoya de suite M. Ballouey, son trésorier, pour prendre connaissance de la valeur des objets de ma collection d'objets d'art. Je lui dis que les experts m'avaient fait espérer que par une vente publique j'en retirerais au moins 112,000 francs; mais que si j'en trouvais 100,000 francs d'assurés, je consentais à la vendre. Nous convînmes d'arrangements pour les paiements. Madame Bonaparte en était si contente, qu'elle dit à M. et à madame de Cubières, en présence de madame Fourcroy, à la Malmaison, *qu'elle avait fait l'acquisition de mon cabinet, et qu'elle en allait jouir.*

Mais madame Bonaparte a manqué à

son engagement, parcequ'un homme qui avait sa confiance lui dit qu'elle ferait mieux d'employer ses fonds à acquérir des objets provenant de la vente de M. de Van-Horn, lequel avait porté sur son testament cet homme, à la condition qu'il ferait valoir sa vente.

J'écrivis à madame Bonaparte que j'étais fâché pour elle que son homme de confiance n'eût pas assez de connaissances ou assez de bonne foi pour reconnaître et dire qu'il était impossible de faire une collection d'objets d'art semblable à la mienne. On sait que, lorsque j'étais riche, j'ai passé trente années de ma vie à rassembler et à faire exécuter ce qui compose ce musée, où je n'ai admis que ce qui offrait des formes pures, et que j'ai mis en œuvre des matières choisies et rares, que j'ai fait monter par les artistes les plus habiles.

Les tableaux qui ornent ce cabinet sont de bons maîtres, et offrent tous des sujets agréables. Une petite statue grecque, en albâtre, dont la tête, les mains et les pieds sont d'argent, offre un morceau capital, ainsi que la tête de Cicéron, dont le buste est en améthiste.

Tous les autres objets qui composent cette collection sont en harmonie, et propres à orner le cabinet intérieur d'un souverain, ami des arts.

# CONDUITE

## QU'ONT TENUE ENVERS MOI

## LES MINISTRES

### DU RÉGIME RÉVOLUTIONNAIRE.

---

Les factieux révolutionnaires, qui attachaient du bonheur à détruire les monuments, à immoler les hommes, me désignèrent pour être une de leurs victimes. Trois partis redoutables, le Jardin des Plantes, le Conseil des Mines, l'Ecole Polytechnique, se disputèrent à qui aurait mes dépouilles (1).

---

(1) Quintus Aurelius, ayant vu son nom sur la liste des proscrits par Sylla, s'écria : *Ah ! malheureux ! c'est ma terre d'Albe qui me proscrit.* Pour moi, c'est mon magnifique cabinet et mes places, dont on desirait s'emparer sans opposition, qui ont été cause de tout ce que j'ai éprouvé d'atroce.

L'assemblée constituante, dirigée par M. Lebrun, président du comité des finances, décréta que mon établissement serait réuni à celui du Jardin des plantes. J'imprimai un mémoire, dans lequel je dis que c'était un acte d'archivandalisme de détruire un monument utile, et qu'il était illégal de disposer de mon bien. L'assemblée mit pour amendement à son décret qu'*il n'aurait d'exécution qu'après ma mort.*

Quelque temps avant la révolution, l'Ecole royale des mines, comme on le sait, était devenue florissante par mes soins. Buffon osa le premier porter atteinte à cet établissement; il me députa pour parlementaire M. Laville, dit *Lacépède* (1), ci-devant garde du cabinet du Jardin des plantes.

_______________

(1) Auteur de l'Histoire naturelle des Reptiles, grand-chancelier de la Légion-d'Honneur, comte et grand dignitaire de l'Empire, orateur et membre du Sénat-Conservateur, auteur de l'opéra d'Omphale, et de l'Histoire des Poissons.

Fourcroy intima l'ordre du comité de salut public au Conseil des mines d'enlever mon cabinet. C'est afin de ne pas éprouver d'opposition que ce comité lança contre moi un mandat d'arrêt, en vertu duquel je fus précipité dans un cachot où étaient entassées cent trente victimes de la révolution ; je fus détenu pendant trois mois dans ce cloaque infect, où l'air était si vicié que la chandelle n'y jouissait pas de la moitié de son expansion lumineuse. C'est dans ce sépulcre des vivants que j'ai commencé à perdre la vue.

Ayant appris que je devais être porté sur la liste de Fouquet Thinville, mais que si j'étais en état de donner mille louis on me rendrait la liberté, la somme fut délivrée, et je revis le jour, à la grande surprise de mes spoliateurs qui ne s'étaient pas encore emparés de mon cabinet, qui est mon unique bien.

Pendant mon incarcération, Fourcroy conféra mes places à ses créatures ; il désigna l'abbé Haüy, professeur de minéralogie, et M. Vauquelin, commissaire pour les essais.

Ayant épuisé mes moyens d'existence, je fis part de ma position au Directoire, qui ajouta 6,000 fr. à mon traitement, afin d'équivaloir en partie à la spoliation de ma fortune, qui consistait en 24,000 fr. de traitement.

Quoique M. Letourneur, ministre de l'intérieur, eût reçu l'ordre du Directoire de me faire jouir des 6,000 fr. qu'il m'avait accordés, il ne lui convint pas de le mettre à exécution ; mais M. François de Neuf-château, qui lui succéda au ministère, me restitua les 6,000 fr. dont son prédécesseur m'avait fait tort, et affecta le bienfait du Directoire sur les ponts et chaussées, dont les élèves suivaient mes leçons depuis plus de vingt années.

C'est ce traitement de 6,000 francs dont M. Chaptal, ministre de l'intérieur, m'a privé, par *économie*, à la demande de M. Cretet, directeur des ponts et chaus-sées. Lorsque ce ministre m'annonça, dans son cabinet, cette privation, je lui dis : Vous mettez le comble à mon malheur, vous connaissez mes besoins et le peu de fortune qui me reste.

Cette spoliation, de la part de M. Chaptal, m'a d'autant plus étonné qu'elle a eu lieu à l'époque où j'ai perdu la vue ; tandis que quelque temps auparavant, lorsqu'un de mes yeux creva, ce même ministre m'envoya une gratification de 1,200 fr. pour m'aider à subvenir à mes besoins.

Privé depuis neuf années de ces 6,000 f., cela me fait un déficit de 54,000 fr.; ce qui m'a mis depuis dans le plus grand malaise (1). .

L'homme devenu riche devrait toujours avoir présent à la mémoire ce vers que Virgile prête à Didon lorsqu'elle reçoit Enée :

Non ignara mali miseris succurrere disco.

Mais cette expression est celle d'une ame

---

(1) On sait que j'ai été contraint de vendre ma bibliothèque et la terre de Villeberfol, l'unique bien fonds que j'avais, afin de remplir mes engagements et subvenir à mes besoins.

sensible et bienfaisante qui ne se trouve pas dans les riches du jour.

M. Chaptal n'aurait-il pas dû se ressouvenir que lorsqu'il entra dans la carrière des sciences et des honneurs, je fus assez heureux pour lui être utile, puisqu'au sortir de mon école je fis créer pour lui une chaire de chimie à Montpellier, avec 6,ooo francs de traitement, et que je concourus à lui faire obtenir le cordon noir?

N'aurait-il pas dû, étant ministre, me désigner président du Conseil des mines, puisque j'ai créé ce corps? Etant allé, dans ce même temps, me plaindre à lui de son oubli, il me dit : *J'ai eu mes raisons pour vous oublier, et je vous conseille de faire le mort.* Cependant il se serait honoré en me rendant justice, puisque tout le monde sait ce que j'ai fait pour le Corps des mines; ce qui est exposé dans le rapport que M. Regnault de Saint-Jean-d'Angély a fait au Conseil d'Etat et au Corps législatif; rapport dans lequel il dit :

« Le conseil des mines profita des tra-
« vaux de M. Sage, ce Nestor de la métal-

« lurgie, fondateur de la première École
« des mines. Des élèves y furent formés en
« assez grand nombre, et par leur moyen
« l'Administration porta les lumières et la
« surveillance sur cette partie trop long-
« temps négligée. »

Etonné de ce que je n'avais pas été compris dans la nouvelle organisation (1) du Corps des mines, j'écrivis à M. de Laumond, qui en est le directeur, la lettre suivante :

MONSIEUR,

« Que des hommes dont je combats les opinions scientifiques ; qu'un forcené révolutionnaire que j'ai chassé de mon école, se soient réunis pour me précipiter dans

---

(1) Cet oubli n'est que l'effet de l'ingratitude et de la malveillance. Charron dit avec raison dans son Traité de la Sagesse : *Que les ingrats sont pires que les bêtes féroces*, puisqu'elles sont reconnaissantes. *Officia etiam feræ sentiunt.*

La férocité appartient à l'ignorance, qui ne connaît de droit que la force. BACON.

les cachots, afin de disposer de mes places sans opposition, cela paraissait naturel en 1793; mais que M. de Laumond, conseiller d'état, directeur des mines, en ait nouvellement organisé le corps sans m'y comprendre, connaissant tout ce que cette partie me doit, c'est ce qui est bien plus surprenant. Que M. de Laumond ait oublié de remplir envers moi l'engagement qu'il a pris par écrit pour l'impression de mes Institutions de physique et de minéralogie, dans une lettre que je conserve, et que j'ai réimprimée à la fin de cette brochure, c'est ce à quoi je ne devais pas m'attendre, puisque les nouvelles redevances sur les mines ont surpassé de beaucoup le produit qu'on en attendait. »

Indigné de l'oubli qu'on a fait de moi dans l'organisation des mines, j'ai sommé ceux qui l'ont faite d'indiquer publiquement les raisons qui les ont déterminés à une pareille injustice. Fort de ma conscience (car je puis prendre pour devise : *Integer vitæ scelerisque purus*), et étant dans la noble conviction que nul n'a mené une vie plus honorable, et n'a peut-être été plus utile à sa patrie, j'ai prié par écrit M. de Montalivet, ministre de l'intérieur, d'être mon arbitre. Il ne m'a fait aucune réponse. En vain en ai-je appelé à son *dictamen* (1) et à celui de M. de Laumond. Ils ne peuvent se dissimuler que j'étais le seul qui pouvais leur donner des renseignements exacts, puisque j'ai créé le Corps des mines, et que j'ai été pendant plus de vingt années commissaire du Conseil pour les essais, et que je connaissais à fond toutes les exploitations.

Ayant pris des engagements avec mon imprimeur, d'après la promesse de M. de Laumond, engagements que je ne peux remplir, vu l'exiguité de ma fortune actuelle, je me déterminai à aller voir

----

(1) Il est des gens en place qui mettent en pratique ce qui est exprimé par ce vers de Juvénal :

*Sic volo, sic jubeo, sit pro ratione voluntas.*

Ce qui est le comble de l'abus du pouvoir et de l'oppression.

M. Chaptal, afin de l'engager de parler en ma faveur à M. de Montalivet, pour qu'il eût égard à ma position, à la réclamation et à la proposition que je lui avais adressées. M. Chaptal me dit : *Je veux d'abord me disculper envers vous. Dès que je fus arrivé au ministère, M. Cretet me demanda la suppression de votre place* (1)*; mais j'ai continué à vous en faire jouir tant que j'ai été ministre.* Je lui répondis : Si vous m'eussiez prévenu à cette époque, j'aurais fait des démarches qui m'auraient maintenu. Pourquoi donc ne m'avez-vous pas averti ? Sa réponse fut: *Je craignais de vous faire de la peine.* Je lui répliquai : Vous avez donc mieux aimé m'assommer?

M. de Montalivet ne m'ayant pas répondu, j'en conclus que si M. Chaptal a parlé pour moi, il a été très tiède.

Lorsque j'eus découvert la propriété qu'avait la chaux qui avait été éteinte par

______

(1) Ce qu'il fit d'après le conseil du citoyen Prony, membre de l'Institut.

immersion, et abritée de l'air dès qu'elle avait fusé, laquelle réduite en pâte avec de l'eau prend en se desséchant la solidité du marbre, qu'elle devenait même susceptible du poli, j'indiquai que la solidité des ciments, des mortiers, des bétons ne dépendait que de la manière dont la chaux avait été éteinte, et qu'elle devait se trouver, dans ces mélanges, dans le rapport de deux mesures contre trois.

Ayant fait part de cette découverte importante à M. de Montalivet, ministre de l'intérieur, à son avènement à cette place, il donna cinquante écus pour payer l'imprimeur qui avait tiré cette brochure à cinq cents exemplaires. Les lui ayant portés, il me reçut dans son cabinet, et me dit en m'abordant : « Je suis très mécontent « de la manière dont vous avez traité mes « prédécesseurs. » Je lui répliquai : C'est donc un crime de lèse-ministre que d'avoir dit que vos prédécesseurs m'ont dépouillé de ma fortune? Il m'ouvrit la porte de son cabinet, et me dit lorsque j'en sortais: *Ils sont tous contre vous*. Ma réponse fut : Et moi je suis seul contre tous.

D'après cette réception, je ne remis plus le pied chez ce ministre, et ne m'entretins avec lui que par écrit. Je ne lui proposai jamais que des choses honorables.

Ayant fait une des découvertes les plus importantes pour l'humanité, et reconnu par expérience qu'il n'y avait que deux moyens de remédier à toutes les espèces de poisons; savoir, le vinaigre et l'alkali volatil fluor, je proposai, par écrit, à M. de Montalivet de faire imprimer mon Traité sur les moyens de remédier aux poisons extraits des trois règnes de la nature; qu'en répandant cet ouvrage, il serait regardé comme un des bienfaiteurs de l'humanité.

N'ayant pas reçu de réponse, je fis imprimer cette brochure à cinq cents exemplaires. Je la donnai gratuitement.

J'engageai, par écrit, ce ministre à en faire tirer une seconde édition. Il me répondit qu'il consulterait les écoles de médecine. Je lui envoyai soixante exemplaires de mon Traité sur les poisons, afin qu'il les donnât à la faculté. N'ayant pas reçu de réponse, j'en fis tirer une seconde édition; et afin de la rendre d'une utilité plus générale, je résolus d'en faire passer un exemplaire à chaque préfet.

Ayant fait part de mon projet à M. de Lavalette, administrateur des postes; croyant que par son canal je remplirais mon but, il me dit « qu'il ne pouvait se charger de « cette agréable commission que lorsqu'il « aurait été autorisé par le ministre de « l'intérieur », qui voulut bien recevoir cent trente exemplaires à l'adresse des préfets.

Avant la révolution, tous mes ouvrages avaient été imprimés au Louvre, en considération des services que j'avais rendus aux sciences, aux arts et à l'humanité.

Ayant plus de droits que jamais aux bienfaits du gouvernement, je demandai à M. de Montalivet, ministre de l'intérieur, de faire imprimer mes Institutions de physique, fruit de cinquante années de travaux et de découvertes, sur les fonds du ministère destinés aux encouragements; ce qu'il refusa à M. de Laumond, directeur général des mines, en disant que les 6,000 francs qui étaient nécessaires pour cette impression me seraient délivrés sur le produit des redevances annuelles imposées sur les mines; redevances qui ont de beaucoup excédé l'attente; ce qui est connu du ministre. Cependant, malgré la promesse faite par écrit, et que je regardais comme une parole d'honneur, on y a manqué.

Ayant écrit à M. de Montalivet qu'on pouvait me rendre l'aisance que j'ai perdue, en me désignant conseiller honoraire du Corps des mines, il me répondit : que *la célébrité dont je jouissais était au-dessus de tous les titres.* Je lui repliquai que la célébrité sans argent n'était que de la fumée; que la loi m'attribuait au moins la retraite des inspecteurs généraux, puisque j'avais créé le Corps des mines, et naturalisé en France la minéralogie et la métallurgie par cinquante-quatre années de professorat, et par les ouvrages que j'avais publiés.

Ayant écrit plusieurs lettres à M. de Montalivet dans lesquelles j'invoquais avec instance son équité, en le priant d'avoir égard à ma position, à mes longs et utiles services, et à mon grand âge, il ne me fit aucune réponse, non plus qu'à ma réclamation que j'ai imprimée à la suite de l'exposé des principales découvertes que j'ai faites dans l'espace de cinquante-quatre années. Cependant la proposition que je fais au Gouvernement lui est très avantageuse, et ne peut qu'honorer celui qui y fera droit.

Voici cette proposition :

« Si l'on me remet les 6,000 fr. qui m'ont
« été promis par écrit, le 9 mars 1811, par
« le directeur général des mines ; si on
« m'alloue la retraite (1) affectée par la loi
« aux inspecteurs généraux des mines, je
« consens à ne rien répéter pour tout ce

---

(1) Cette retraite est de 6,000 fr. de pension, dont trois sont reversibles sur la veuve.

« que j'ai sacrifié pour la confection du
« Musée des Mines, à la Monnaie ; je con-
« sens en outre à donner au Gouvernement
« tout ce que j'y ai inséré depuis trente an-
« nées ; ce qui équivaut au moins à la ces-
« sion de la première partie de mon ca-
« binet. »

---

*Lettre que j'ai écrite à M. de Montalivet
le 14 novembre 1813.*

« Permettez-moi, Monseigneur, de me
rappeler au souvenir de Votre Excellence.
J'ai été privé, il y a neuf années, par
M. Chaptal, de 6,000 fr. que le Directoire
avait ajoutés à mon traitement pour équivaloir en partie à la spoliation de ma fortune. Cette privation depuis neuf années
me fait un déficit de 54,000 fr. ; aussi suis-
je depuis ce temps dans le plus grand mal-
aise, qui a encore été augmenté par le
manque de parole de M. de Laumond, qui
m'avait promis, par écrit, 6,000 fr. pour
l'impression de mes Institutions de physique et de minéralogie.

« Vous pouvez, Monseigneur, me rendre l'aisance, et me faire terminer heureusement ma carrière en admettant la proposition que j'ai eu l'honneur de vous faire. Elle me paraît d'autant plus admissible qu'elle est avantageuse au Gouvernement. J'aurai du plaisir à dire :

Hæc mihi, *Montalivet*, otia fecit.

Ce ministre ne me fit aucune réponse, quoique j'en espérasse une d'après ce que m'avaient dit plusieurs hommes d'état auxquels j'avais montré ma proposition. Tous m'avaient assuré qu'il était impossible que M. de Montalivet ne fît pas droit à ma demande, connaissant son équité et son desir de faire le bien.

———

*Lettre que j'ai écrite à ce ministre le 6 décembre 1813, dans le dessein de connaître son* ultimatum.

Monseigneur,

« J'ai l'honneur de prévenir Votre Excel-

lence que je vais imprimer un ouvrage qui a pour titre : Tableau comparé de la con-
« duite qu'ont tenue envers moi les Mi-
« nistres de l'ancien régime, avec celle
« des Ministres du régime nouveau ».
C'est pourquoi je vous prie, Monseigneur, d'avoir la bonté de me faire connaître si vous êtes dans l'intention de faire droit à la proposition que j'ai eu l'honneur de vous adresser. »

*Réponse de monsieur de Montalivet,*
*le 12 décembre.*

« Je prévois, monsieur, que vous avez eu des regrets de m'avoir écrit la lettre ci-jointe, en conséquence je m'empresse de vous la renvoyer. »

J'avoue que je n'ai rien conçu à cette réponse.

Mais que doit-on attendre des hommes portés aux places par les vagues d'une ré-volution plébéienne, dont la tourbe des factieux, croyant masquer l'obscurité de

3

son origine, se prodigua les titres de prince, de duc, de comte, de baron, de chevalier, elle qui peu de temps auparavant avait supprimé toutes ces dignités sous prétexte d'établir l'égalité entre les hommes.

Si le ministre de l'intérieur était venu voir mon établissement, ce qu'il m'avait promis deux fois par écrit, il aurait été étonné de ce qu'un homme seul a pu faire et rassembler dans l'espace de cinquante-quatre années, et il se serait assuré que la cession que je proposais n'a rien de mercantile (1), mais qu'elle est celle d'un homme désintéressé, dévoué à la chose publique. C'est ce désintéressement et ce dévouement qui m'ont valu l'estime générale (2) qui m'a aidé à supporter les persé-

_______________

(1) Ayant exposé par écrit, à M. de Montalivet, que je desirais faire cession de ce que j'ai inséré dans le Musée des Mines depuis trente années, il me proposa d'en faire faire l'expertise par trois marchands; ce que je refusai, en lui écrivant que je n'avais jamais fait de trafic mercantile, et que je ne me déshonorerais pas à soixante-quatorze ans.

(2) Dont le public m'a donné une preuve authen-

cutions que j'ai essuyées et les mauvais traitements que j'éprouve.

On m'a privé de mes places, on m'a dépouillé de ma fortune ; mais on ne pourra
jamais m'enlever la gloire d'avoir consacré (1) mon bien et ma vie pour fonder
un établissement utile qui manquait à la
France, une École des mines.

On ne pourra jamais m'enlever l'honneur d'avoir formé, à mes frais, la première collection de minéraux qui a servi
à l'instruction publique; collection qui est,
j'ose le dire , la plus intéressante qui
existe, puisque j'ai fait et conservé les ana-

---

tique dans la séance de l'Académie française du 15
avril 1813 : lorsque j'entrai dans la salle j'y fus cou-
vert d'applaudissements. J'avoue que je n'ai jamais
éprouvé rien de plus agréable; je ne pus retenir mes
larmes, et me dis : Je reçois aujourd'hui le salaire du
bien que j'ai fait toute ma vie.

*Rectè facti fecisse merces est.*
PHÈDRE.

(1) Je ne regrète pas ce que j'ai sacrifié; mais les
spoliations successives que j'ai éprouvées sont telles
que je ne puis faire que le testament d'Eudamidas.

lyses de tout ce qu'elle renferme : j'ai décrit avec précision, dans mes Institutions
de physique, les procédés que j'ai employés
pour ces analyses. La France me doit en
outre un monument d'architecture dans
le Musée des mines, à la Monnaie.

---

*Lettre de M. de Laumond, directeur gé-
néral des mines, à M. Sage, le 9 mars
1811.*

« Son Excellence le Ministre de l'intérieur, monsieur, m'a fait le renvoi de la
pétition que vous lui avez adressée, à l'effet d'obtenir l'avance d'une somme de six
mille francs, pour subvenir aux frais d'impression d'un ouvrage que vous avez fait,
ayant pour titre : *Institutions de Physique
et de Minéralogie.*

« La réputation dont vous jouissez dans
les sciences ne peut être que d'un bon au-
gure en faveur de l'ouvrage que vous an-
noncez. J'ai proposé en conséquence au

ministre de vous accorder, sur les fonds de son ministère destinés aux encouragements, la somme de 6,000 fr. que vous demandez, et de vous laisser la propriété de l'édition, comme étant le fruit de votre travail. Mais Son Excellence a ajourné toute décision à ce sujet, jusqu'à ce que la direction générale des mines ait trouvé dans le produit des nouvelles redevances créées par la loi des ressources suffisantes pour faire les dépenses extraordinaires qu'exigera l'impression de votre ouvrage. Je ne puis encore, monsieur, prévoir l'époque où je me trouverai dans cette heureuse situation; mais vous pouvez être certain qu'aussitôt que les circonstances le permettront, je m'empresserai de seconder vos vues. »

Qui aurait pu croire qu'un conseiller d'État, qu'un directeur général des mines, qu'un comte de l'Empire eût pu manquer à son engagement pris par écrit, ayant eu des fonds disponibles? Et c'est lorsque je suis privé de tout, et que j'éprouve des besoins réels, qu'on s'est fait un jeu de me tromper! En vain me suis-je adressé à M. de Montalivet, ministre de l'intérieur, comptant en obtenir justice.

---

## RÉCAPITULATION.

J'ai fait, pendant vingt-cinq années, des cours publics et gratuits de minéralogie et de chimie docimastique.

C'est afin de naturaliser en France la métallurgie, que j'ai fait créer l'École royale des mines, et des élèves salariés, que j'ai dirigés pendant dix années (1). Attachant de la gloire à former des hommes instruits, je n'ai rien négligé de ce qui pouvait y concourir.

---

(1) C'est par ce moyen que j'ai eu le bonheur d'affranchir la France d'une partie du tribut annuel de 37 millions qu'elle payait à l'étranger pour les matières minérales et métalliques qu'elle tirait d'eux; ce que j'avais reconnu il y a cinquante ans par la balance du commerce.

On leur enseigna, dans mon école, la géométrie, le dessein, la physique, la minéralogie, la docimasie, l'exploitation des mines dans laquelle ils se perfectionnèrent par les voyages que je leur faisais faire toutes les années. Je leur ai en outre rendu tous les services qui dépendaient de moi. Ils furent reconnaissants tant que dura l'ancien régime ; mais à l'époque de la révolution, me croyant anéanti parcequ'on m'avait précipité dans les cachots, ils s'emparèrent de mes places, et m'ont fait oublier depuis.

J'étais loin de m'attendre à une pareille ingratitude ; aussi m'a-t-elle plus affligé que la perte de ma fortune.

Les élèves qui se sont entre autres signalés par leur ingratitude obtinrent en leur faveur la création d'une agence des mines, s'emparèrent des hôtels de Périgord et de Mouchy, y établirent un luxe burocratique. Trois d'entre eux furent ensuite érigés en conseil des mines par Fourcroy, organe du Comité de salut public M. Chaptal ministre de l'intérieur, les corrobora, et confirma les nominations des professeurs désignés par Fourcroy.

Ce conseil des mines commença son cabinet avec les dépouilles des malheureuses victimes de la révolution.

C'est à l'époque de l'organisation impériale des mines que le directeur général de cette partie constitua les trois membres du conseil inspecteurs généraux des mines, avec un traitement de 12,000 fr.

Les faits suivants font connaître que les meilleures intentions ne sont pas toujours couronnées du succès.

La place de surintendant et réformateur général des mines, créée par Henri IV, ne procura aucun avantage à cette partie.

La place d'intendant des mines, créée par M. de Fleury, contrôleur général des finances, loin d'être utile, introduisit des abus tels, que cet intendant fut éliminé lors de l'assemblée des notables.

Les mines ne pourront prospérer que lorsque les hommes destinés à les administrer auront une idée exacte des sciences qui concourent à les faire exploiter avec avantage. De pareils chefs pourront reconnaître par eux-mêmes si ceux qu'ils choisissent pour remplir les places de confiance sont suffisamment instruits en minéralogie et dans l'art des essais, art qui exige les connaissances réunies de la chimie ; car il ne suffit pas, pour rectifier les travaux des mines et en tirer le plus d'avantage possible, de savoir dessiner, et d'être versé dans les mathématiques.

Les hommes qui composent le Conseil des mines, ainsi que la plupart des ingénieurs, sont sortis de mon école.

J'ai formé, à mes frais, la première collection de minéraux qui ait servi à l'instruction publique.

J'ai employé mon bien pour élever un monument, le Musée des mines.

Tous les ouvrages que j'ai publiés ont été utiles aux sciences, aux arts, et à l'humanité.

On m'a précipité et détenu dans les cachots, afin de disposer de mes places sans opposition : je n'ai obtenu la liberté et la vie qu'à prix d'argent.

On m'a dépouillé successivement de ma fortune.

On vient d'ajouter à mon mal-aise, en ne me donnant pas les 6,000 fr. qu'on m'avait promis par écrit, pour subvenir aux frais d'impression de mes *Institutions de Physique et de Minéralogie*.

---

*Tableau de la spoliation de ma fortune.*

M. Lebrun me fit supprimer les 2,000 fr. de traitement de ma chaire que j'avais sur les monnaies.

Fourcroy me priva de ma place de commissaire pour les essais, dont le traitement était de 6,000 fr.

Chaptal (1) m'a privé de 6,000 fr. affectés à ma place de professeur de l'École des ponts et chaussées.

---

(1) On voit que j'ai été privé de la plus grande partie de ma fortune par trois de mes confrères de l'Institut.

Louis XV m'avait gratifié d'une pension de 5,000 f., qui a été réduite à 1,000 f.

Les 5,000 fr. de rente viagère de la cession d'une partie de mon cabinet ont été réduits au tiers.

Pensionnaire de l'Académie des sciences, j'avais 3,000 fr.; membre de l'Institut, je n'ai que 1,500 fr.

J'étais censeur avec 1,000 fr. de traitement. Total, 23,834 fr. dont je suis privé depuis vingt-deux années, moi qui ai sacrifié 40,000 fr. pour faire décorer le Musée des mines, et 12,000 fr. pour les galeries supplémentaires, et qui n'ai obtenu la liberté et la vie qu'en donnant 24,000 fr.; ce qui me fait un déficit de 76,000 fr. Aussi ne me reste-t-il de toute ma fortune que ce que ce que j'ai inséré depuis trente années dans le Musée des mines; ce qui équivaut au moins à la cession que j'avais faite de la première partie de ce cabinet.

Un souverain exercerait un acte de justice qui en imposerait à l'avenir aux ministres, en contraignant ceux qui m'ont ruiné à me restituer sur leur immense fortune, acquise pendant la révolution, les sommes dont ils m'ont fait tort ; ce qui me compléterait celle de 100,000 fr., savoir :

M. Lebrun ........ 42,000 fr.
M. Chaptal ...... 54,000
M. Laumond ..... 6,000
___________
102,000 fr.

O utinam, sat me ludisti fortuna.

C'est après cinquante-cinq années d'une vie sacrifiée à l'instruction publique, et c'est à l'âge de soixante-quinze ans, qu'après avoir consacré ma fortune pour ériger un monument utile aux sciences et honorable pour la nation, que je me trouve tellement privé des moyens d'exister, que, dans le dessein d'y subvenir, j'avais remis le peu d'argenterie qui me restait à M. Sanders mon orfèvre, afin de la convertir en espèces.

Cette dernière ressource m'a fait connaître qu'il existait encore des hommes sensibles aux malheurs de leurs semblables : un de mes amis, M. Lebouvier Desmortiers, magistrat distingué de l'ancien régime, auquel la physique doit des découvertes intéressantes, ayant entendu parler de la position où je me trouvais, alla chez mon orfèvre, lui remit la valeur de mon argenterie, qu'il m'apporta. Cet homme généreux et bienfaisant exigea de M. Sanders de ne pas citer de qui il tenait cet argent, et de me reporter le lendemain mon argenterie; ce qu'il fit.

Les besoins de l'État ayant fait suspendre les paiements pour subvenir aux frais de la guerre, et ne voulant pas abuser de l'amitié, j'ai vendu depuis mon argenterie à la monnaie.

Privé même de mon traitement, j'ai rempli ma chaire avec plus de zèle que jamais, afin de développer les nouvelles vérités qui sont le fruit des découvertes quotidiennes qu'un travail assidu me met à portée de faire; découvertes dont je donne un extrait sommaire à la fin de cette brochure.

Ce qui m'est arrivé depuis la révolution me prouve de plus en plus qu'on doit craindre d'être trop utile aux hommes, puisque c'est une raison pour en être maltraité : ce qui a eu lieu dans tous les temps, dans tous les pays. Aristote, Anaxagore, furent persécutés à Athènes; Descartes en Hollande; Tycho-Brahé en Danemarck; Galilée à Rome; Ramus en France; ce qui prouve la vérité de l'adage de Phèdre, qui dit :

Qui meriti prætium ab improbis desiderat, bis peccat.

Je me trouve heureux aujourd'hui de ce que M. de Laumond a manqué à la parole qu'il m'a donnée par écrit.

Je me trouve heureux de ce que M. de Montalivet n'a pas accédé à ma proposition ; car j'aurais perdu le titre légitime que j'ai à la réclamation, et je ne serais plus le maître de mon cabinet, qui est entièrement à moi puisque je l'ai acheté de mes deniers.

Une partie des persécutions que j'ai éprouvées proviennent de ce que j'ai constamment soutenu et démontré que la nouvelle doctrine physico-chimique n'offrait que des paradoxes, et que la nouvelle nomenclature n'était qu'une charlatanerie.

Je ne doute pas que lorsque le temps et la raison auront fait justice de l'erreur ; je ne doute pas, dis-je, que les physiciens reconnaîtront les services que j'ai rendus à la science, en dévoilant les erreurs qui la défiguraient.

J'ai cru devoir insérer ici une lettre qui m'a été écrite par le prince royal Alexandre de Wirtemberg, gouverneur de la Russie Blanche, membre de l'Académiè des sciences de Pétersbourg.

Monsieur,

« J'ai reçu l'intéressant ouvrage que vous avez bien voulu m'envoyer. Si quelque chose pouvait augmenter encore une réputation acquise pendant tant d'années de travaux les plus assidus, et de services constants rendus à votre patrie et à la science en général, il me semble que votre nouvel Exposé sur les erreurs de la nouvelle nomenclature chimique serait seul capable de remplir ce but. C'est ainsi que ni votre âge, ni vos infirmités ne vous empêchent, Monsieur, d'être toujours utile, et de rechercher à augmenter constamment la sphère des connaissances humaines.

« On rend à la société, à mon avis, un service plus considérable encore lorsqu'on écarte des erreurs, et lorsqu'on rétablit les choses dans leur véritable état : par là on diminue les entraves qui retardent les progrès des connaissances. Vos antagonistes même devront vous rendre la justice que votre nouvel ouvrage ne pourra que produire un bien réel, puisqu'il engagera les novateurs et les gens à systèmes à ne pas embrasser dorénavant une doctrine séduisante sans avoir examiné au préalable si elle peut être en tout point conforme à la saine raison, au calcul, et sur-tout à l'expérience, qui devrait être la base de toutes les sciences rationnelles et positives.

« Je ne puis que vous témoigner, Monsieur, toute ma gratitude pour votre obligeant souvenir ; veuillez conserver votre amitié à celui qui a l'honneur d'être, avec la plus parfaite considération,

MONSIEUR,

Votre très humble et très-obéissant serviteur,

*Signé* Alexandre DE WIRTEMBERG.

Pétersbourg, le 21 décembre 1810.

Je n'entreprendrai pas de faire l'éloge du prince royal Alexandre de Wirtemberg; cette lettre suffit. J'ai eu l'avantage de le voir souvent pendant son séjour à Paris, et de m'entretenir avec lui des vertus éminentes de S. M. l'Empereur des Russies, que la France regarde avec raison comme son libérateur; aussi ne manquera-t-elle pas de consacrer son bienfait par quelque monument.

Jamais l'histoire n'a offert rien d'aussi mémorable que la réunion des quatre principaux souverains de l'Europe, et de l'alliance qu'ils ont contractée pour restituer à Louis XVIII le trône qui lui avait été enlevé par des factieux régicides ; trône qui avait été souillé par un usurpateur qui a fait verser plus de sang à lui seul qu'il n'en aurait été répandu pendant vingt siècles de batailles.

Mon grand âge ne me permettant pas de croire que la durée de ma vie puisse s'étendre sans que l'énergie vitale affaiblie n'influe sur les perceptions mentales, j'ai cru devoir insérer sommairement dans cet opuscule des faits intéressants que des expériences récentes m'ont fait découvrir.

J'avais bien reconnu que lors de la combustion des corps ligneux il y avait quatre espèces d'acides différents répandus dans l'atmosphère, savoir :

De l'acide méphytique,

De l'acide acéteux lignique,

De l'acide oléagineux,

Et de l'acide igné qui s'incarcérait dans les chaux métalliques.

Mais je n'avais pas encore pu déterminer que lors de la réverbération du feu sur la chaux grise de plomb, la couleur rouge qu'elle prenait était due à de l'acide ignifère, qui accroît la pesanteur de la chaux grise de ce métal de cinq livres par quintal.

Trois onces de *minium*, soumises à la distillation, produisent une pinte et demie de gaz déphlogistiqué, et trois pintes de ce gaz, si l'on a ajouté une once d'acide vitriolique concentré à la distillation de trois onces de *minium*.

Lorsque cette chaux rouge de plomb a été distillée sans intermède, le résidu se trouve à l'état de massicot, chaux de plomb d'un jaune jonquille.

La litharge, soumise à la distillation, ne produit que du gaz acide méphytique. Si on a mêlé cette litharge avec un quart d'acide vitriolique, on obtient du gaz hépatique.

Le sel ammoniac, distillé avec trois parties de minium, produit de l'alkali volatil, qui fait effervescence avec les acides; tandis que le sel ammoniac, décomposé par l'intermède de trois parties de litharge pulvérisée, produit de l'alkali volatil fluor caustique qui ne fait pas effervescence avec les acides.

J'ai reconnu que l'eau seule avait la

propriété de dégager l'acide ignifère, un des principes du zinc ; que l'eau qu'on a laissée séjourner dans des vases de ce métal se trouve imprégnée d'un gaz sapide particulier.

Si l'eau est aiguisée par un sel ou par un acide, celui qui est principe du zinc s'en dégage sous la forme de gaz acide ignifère.

Si l'éther ne peut être décomposé ni par l'acide vitriolique, ni par l'acide nitreux, c'est que l'acide ignifère, qui est la base de l'éther, est plus pesant, et ne leur cede pas le phlogistique, auquel il doit ses propriétés. Mais l'éther ne résiste pas à la fermentation acéteuse, pendant laquelle il se modifie en pyrophore, qui se décompose par l'eau, et cause la chaleur qui a lieu, ainsi que l'ignition produite par la fermentation acéteuse.

Le pyrophore pur, qui constitue le *maximum* du galvanisme, a une couleur d'un gris métallique semblable à celle du sel ammoniac ignifère crystallisé, lequel, chauffé jusqu'au soixantième degré du thermomètre, s'exhale sous forme de gaz violet, qui se condense en petits crystaux lamelleux carrés longs, gris, et brillants comme la galène.

Ce sel ammoniacal ignifère caustique cautérise et jaunit la langue, se dissout difficilement dans l'eau, et n'altère pas la couleur bleue des végétaux, comme je l'ai fait connaître dans un mémoire, que j'ai lu à l'Institut, sur l'eau mère de M. Courtois, qui contient ce même sel ammoniac mêlé avec une matière oléagineuse.

J'ai fait connaître que la production marine dont la combustion fournit ce qu'on nomme *soude de vareck* (1), loin d'appartenir au règne végétal, comme l'ont écrit jusqu'à présent les botanistes, qui l'ont désignée sous le nom de *fucus;* j'ai démontré, dis-je, que cette production marine était un polypier particulier, dont je suis parvenu à extraire le réseau cartilagineux par le moyen de l'acide nitreux,

------

(1) Elle contient par quintal :

Sel marin. . . . . . 37

Natron . . . . . . . 3

qui a dissout le sel marin, la sélénite, la terre calcaire et la magnésie, bases de ce polypier flexible.

Les végétaux contiennent aussi de la magnésie.

J'ai retiré d'un quintal de cendre de bois de chène,

Alkali fixe............... 10 livres.
Magnésie.............. 10
Terre calcaire......... 70
Silice............... 10
Un atôme de fer attirable.. »

—————
100 livres.
—————

Nos novateurs, en désignant le sel marin par les mots *muriate de soude*, au lieu de se servir du mot *natron*, consacré pour désigner l'alkali, base du sel, ne se sont pas rappelés que la plante nommée *kali*, cultivée dans des terrains éloignés de la mer, loin de produire du natron, ne fournit que de l'alkali congénère de celui du tartre.

La soude fournie par la combustion du

*kali* littoral, est le produit de la décomposition spontanée du sel marin, dont l'acide s'exhale dans l'atmosphère, tandis que le *natron*, plus pesant, pénètre et s'incarcère dans les pores du kali.

Lorsque les sectateurs de la doctrine lavoisienne (1) disent, d'après Black, que la terre calcaire recèle de l'air fixe, c'est une assertion erronée; car l'acide méphytique qu'elle produit n'est qu'une modification de l'acide calcaire.

Quand ces mêmes sectaires disent que l'eau est composée de cinq parties de gaz déphlogistiqué et d'une d'air inflammable, ils avancent encore une erreur, puisque le feu est le produit de l'ustion simultanée de ces deux gaz (2).

---

(1) Lavoisier était fermier général, administrateur de la Caisse d'escompte, régisseur des poudres et salpêtres, trésorier de l'Académie des sciences.

(2) Le lord Cawendish, auquel est due cette belle expérience, ainsi que Priestley et Wat, n'ont jamais avancé que l'eau était composée des mêmes quantités de gaz qui constituent le feu et la flamme.

Attribuer à l'*oxigène* le passage des métaux à l'état de chaux, c'est un paradoxe insoutenable, puisque c'est l'acide igné qui se trouve alors combiné avec les terres métalliques.

Soutenir que l'oxigène (1) est le générateur des acides, est encore une assertion erronée, puisque le gaz déphlogistiqué ne concourt qu'à la combustion du phlogistique, qui neutralise le soufre, le phosphore, etc.

Il ne manquait aux novateurs que d'éliminer le mot *phlogistique* pour dénaturer la physique. Cependant ils ne pouvaient ignorer que le phlogistique est le principe de la lumière, la source de l'électricité sidérale, et la cause de la ductilité des métaux.

---

(1) Les novateurs ont reçu le nom d'*oxiphile*, c'est-à-dire ami du vinaigre, parcequ'ils ont employé le mot *oxis*, qui signifie vinaigrier. Aussi le mot *oxigène* ne signifie-t-il que fils de vinaigrier, par la même raison que *Diogène* signifie fils de Jupiter; *Archigène*, fils du chef; *Théogène*, fils de Dieu.

Comment une doctrine aussi erronée s'est-elle propagée à la manière de la contagion? C'est dans des agapes qu'elle a pris naissance, ainsi que l'esprit de parti que les élus ont manifesté, et leurs erreurs ont été défendues avec fureur.

On sait que c'est Fourcroy, membre du Comité de salut public et directeur de l'instruction, qui a enraciné révolutionnairement cette doctrine en remplissant à la fois, chaque jour, les sept places de professeur, et en ne faisant admettre que les ouvrages qui étaient orthodoxes, ainsi que les candidats qui sollicitaient des places.

Comme il était nécessaire, pour écarter la lecture des auteurs qui avaient fondé la saine physique, d'introduire une nouvelle nomenclature, la Société de l'Arsenal accueillit celle du citoyen Guyton, quoiqu'elle eût été rejetée d'abord par l'Académie des sciences.

L'abbé Bossut ayant demandé à Guyton de Morveau, avocat-général du parlement de Dijon, pourquoi il avait abdiqué la toge pour se travestir en maître d'école; *C'est,* dit-il, *afin de perpétuer la nomenclature chimique que j'ai imaginée.* On sait que lorsqu'il était membre du Comité de salut public, il fut un des procréateurs de l'Ecole polytechnique, afin de s'assurer une place, et de pouvoir dominer les sciences.

Le néologisme physico-chimique a été adopté par des étrangers, justement célèbres, qui y ajoutent tous les jours, et auxquels on peut faire le reproche que les mots qui déterminent la couleur n'indiquent pas la nature des choses. Ainsi le mot *chlorine* qu'on emploie ne signifie que *couleur verte*, et ne fait pas connaître que c'est le gaz ignifère qu'on veut désigner.

Le mot *iode*, dont on fait usage, désigne une couleur violette, et ne fait pas connaître qu'elle est due à un sel ammoniac ignifère.

Toutes les productions artificielles ou naturelles qui affectent des poliédres, étant des combinaisons salines, sont essentiellement composées d'acide combiné avec des bases terreuses ou métalliques, qui

récèlent en outre plus ou moins de matières oléagineuses et d'eau.

Il n'y a que le diamant, le soufre, et le
phosphore, qui ne contiennent point de
terre ; aussi brûlent-ils sans laisser de résidu. La forme de ces sels inflammables
est l'octaèdre.

Ces vérités sont la base de la saine physique ; aussi a-t-on lieu d'être surpris que
des hommes en réputation, dont les analyses sont le type de tout ce qu'on écrit
aujourd'hui, ne fassent pas mention des
acides qui entrent dans la confection des
pierres, et avancent, par exemple, que le
saphir est composé de quatre-vingt-dix-
huit parties d'alumine et de deux de fer ;
tandis que l'acide saphirique fait moitié de
cette pierre, où il est combiné avec un
peu d'alumine, de terre adamantine, et de
terre saphirique.

Ces mêmes hommes ont cependant reconnu que la terre calcaire était composée
d'un acide *sui generis,* unie avec un excès
d'une terre particulière, laquelle saturée
d'acide vitriolique constitue le vitriol cal-

caire, nommé *sélénite*, sel neutre, composé de deux acides et d'une même base
terreuse. Il en est de même du spath pesant et de la strontiane vitriolée.

Ils doivent aussi avoir reconnu que le
spath fluor est composé de deux acides,
puisqu'il a pour base la terre calcaire et
l'acide fluorique; il en est de même de la
phosphorolite, qui est composée de terre
calcaire saturée d'acide phosphorique, etc.

C'est faute d'avoir distillé les pierres sans
addition qu'on ne s'est pas rendu compte
de l'eau, qui est un de leurs principes.

Le *gaestein*, qu'on avait regardé comme un verre de volcan, produit près d'un
cinquième d'eau par la distillation.

La calcédoine diffère de l'agate parcequ'elle contient beaucoup plus d'eau et
point de matière oléagineuse.

La vitriolisation doit être préférée pour
décomposer les pierres, à leur fusion avec
des flux salins et cautisques qui modifient
les bases terreuses.

L'homme est parvenu à reproduire quelques sels; mais il n'a pu régénérer ni le

quartz, ni les gemmes, ni les cornéennes. Il n'en est pas de même des métaux qu'il peut décomposer et revivifier; tous sont susceptibles d'être affinés. On doit surtout s'attacher à en dégager le fer, qui donne des propriétés magnétiques à des demi-métaux qui n'en sont pas susceptibles. Si ces demi-métaux contiennent en outre de l'argent, ils jouissent de ductilité. C'est dans cet état que se trouve le nickel, dont on a fait des aiguilles pour des boussoles.

Le nickel, dégagé du fer par des sublimations avec le sel ammoniac, est fragile, a une teinte d'un gris rougeâtre, et n'est pas blanc comme l'alliage métallique cité comme nickel pur par les Vauquelin, les Haüy, etc.

On est étonné de voir que ces savants aient caractérisé le minéral chromé du Var par la phrase *fer chromaté*, puisque ce minéral ne contient pas de fer : ce qu'ils n'auraient pas manqué de reconnaître si, au lieu de le traiter avec des flux alcalins, ils eussent eu recours à la vitriolisation de cette mine de chrome du Var ; elle leur aurait fait connaître qu'il s'y trouve environ un tiers de chaux de ce demi-métal, et deux tiers de pierre adamantine.

Ils auraient vu en même temps que le vitriol de chrome est du plus beau vert émeraude, et qu'après le laps de quelques mois, ce sel prend une couleur purpurine.

Le gaz alcalin pur est miscible à l'eau ; mais lorsqu'il se dégage en même temps une matière oléagineuse, il cesse de l'être : la distillation de la crême de tartre en offre un exemple, ainsi que celle du vareck.

------

## De la valeur chimérique des Gemmes.

Le diamant est la pierre précieuse à laquelle on a attaché le plus de prix, quoiqu'elle brûle à la manière du charbon lorsqu'elle est exposée à l'action du feu.

Le diamant tire principalement son prix de l'éclat qu'il acquiert par la disposition des facettes qu'il offre quand il a été taillé, lesquelles font fonction de prisme, et décomposent la lumière; ce qui constitue l'éclat et le brillant du diamant.

La pierre nommée *saphir* est d'autant plus estimée que sa couleur bleue est plus pure et plus nette. Cette pierre gemme est indestructible au feu qui n'altère pas sa couleur.

Plus le saphir est grand et d'une belle eau, plus on y attache de valeur; le fait suivant, que je tiens de M. le comte Corvin Kosakoski, en est une preuve. Il a vu à Vienne, en 1812, le fameux saphir que le brocanteur Weiss avait eu en troc du musée du Jardin des plantes.

L'électeur de Saxe, auquel Weiss avait fait voir ce saphir, qu'il appréciait cinquante mille louis, desira l'acquérir, et offrit en échange à ce marchand une terre de la valeur de 1,200,000 fr. Weiss n'accéda pas à la proposition, ne voulant que de l'argent.

Le sort de ce magnifique saphir est remarquable. — M. d'Angivilliers, intendant du Jardin des Plantes, desirant connaître les objets renfermés dans le cabinet de minéralogie, me pria de les examiner avec lui. Je m'arrêtai entre autres avec enthousiasme sur le beau saphir qui faisait partie de cette collection : sa forme offrait un prisme à neuf pans, d'un pouce de hauteur sur dix lignes de diamètre. — M. d'Angivilliers se refusant à croire que c'était un saphir, je l'engageai à en faire scier une table de deux lignes et demie d'épaisseur; laquelle, après avoir été taillée, offrit un magnifique saphir, dont M. d'Angivilliers fit présent à madame de Marchais, qui devint sa femme par la suite.

______

*Du voltaïsme, ou électricité métallique.*

Volta (1) a fait connaître que l'irritabi-

______

(1) Bonaparte fit frapper une médaille pour consacrer la découverte de Volta. J'obtins de lui, dans le même temps, une gratification de 6,000 fr. pour cet homme si justement célèbre, auquel l'électricité doit l'électrophore, etc.

lité produite par le docteur Galvani, en touchant les nerfs d'animaux nouvellement tués, était le produit d'une espèce d'électricité qui ne pouvait avoir lieu que par le concours et le contact simultanés de deux métaux de différente nature, qu'on posait sur les nerfs ; ce qu'il démontra par son ingénieux appareil, auquel, par reconnaissance, les physiciens ont donné le nom de *pile voltaïque*, dont l'effet est proportionné à la grandeur et à la quantité des paires qui la composent.

Volta a reconnu que le zinc était le principal agent qui concourait à la formation de l'électricité métallique ; qu'il fallait qu'il fût en contact avec de l'argent, de l'or, ou du cuivre : quoique ce dernier métal soit le moins énergique, on lui a donné la préférence parcequ'il est le moins coûteux.

La plus forte pile qui ait été faite à Paris est celle exécutée par M. Dumotiez, un des plus habiles mécaniciens que nous ayons : elle était composée de six cents pieces de onze pouces carrés ; celles de zinc pesaient six livres; celles de cuivre deux: ces plaques étaient soudées.

MM. Thénard et Gay Lussac, qui firent des expériences à l'aide de cette batterie, reconnurent que le voltaïsme se manifestait sous la forme d'une forte gerbe étincelante, et que l'électricité qui l'accompagnait était propre à foudroyer.

L'appareil voltaïque le plus considérable est celui dont on fait usage dans le laboratoire de l'Institution royale de Londres : il est composé de deux cents assortiments de plaques de trente-deux pouces carrés de surface. Le nombre de ces plaques doubles est de deux mille, et la surface entière de l'appareil est de vingt-huit mille pouces carrés.

M. Davy rapporte que l'effet de cette batterie est tel, qu'un fil de platine s'y fond comme la cire à la flamme d'une bougie; que le saphir et le quartz y entrent en fusion.

Un charbon interposé à quelques pouces du cercle conducteur excite une gerbe de feu continue.

C'est afin de développer plus promptement cet effet qu'on mêle avec l'eau destinée à cette expérience un soixantième d'acide nitreux qui concourt à dégager, sous forme de gaz, l'acide ignifère, un des principes du zinc, lequel saturé de phlogistique emprunté au métal qui lui est soudé, constitue le pyrophore d'un gris métallique qui se produit dans cette expérience. Voyez la page 14 de l'exposé sommaire de mes principales découvertes.

Lorsqu'on n'emploie qu'une petite pile pour obtenir le voltaïsme, on n'éprouve qu'une commotion électrique, accompagnée d'une étincelle qui traverse la vue : le voltaïsme étant un peu plus accumulé, brûle, détruit le tissu animal vivant ou mort à la manière de l'alcali caustique.

Pour obtenir le pyrophore voltaïque, il ne faut employer qu'une pile moyenne, et le natron pour auxiliaire.

## *Analyse de l'émeraudine* (1) *de Limoges ou roche quartzeuse aluminée.*

La nature offre tous les jours à son scrutateur des objets nouveaux. C'est dans cette classe que l'on doit ranger la roche quartzeuse scintillante, opaque, verdâtre, découverte par M. Lelievre, et par M. Alluaud, directeur de la manufacture de porcelaine de Limoges, dans la colline de Barat : cette roche fait partie d'une carrière de granit.

Quoique les minéralogistes modernes aient rangé cette pierre parmi les émeraudes, d'après l'analyse qui en a été faite par Vauquelin, qui a procédé par la fusion avec l'alcali caustique, moyen pres-

_________________

(1) Cette pierre se trouve souvent en masse du poids de trente à quarante livres. Je l'ai désignée dans mes Institutions de Physique sous le nom d'*émeraudine*, à cause de sa teinte verdâtre, et pour faire connaître en même temps qu'elle différait de l'émeraude.

que toujours fallacieux, je puis assurer, d'après les expériences subséquentes, qu'elle en diffère, puisque l'émeraude perd au feu l'eau de sa crystallisation, et qu'elle y devient opaque et blanchâtre.

La roche verdâtre de Limoges ne s'altère pas sensiblement au feu, et n'y perd pas plus d'un centième de son poids.

Il est étonnant que les crystallographes, qui ont parlé de cette pierre, n'aient pas cité qu'elle diffère essentiellement par sa forme de celle de l'émeraude, qui offre des prismes courts, hexagones, tronqués net à leurs extrémités; tandis que la pierre verdâtre de Limoges crystallise en prismes tetraédres, dont deux des angles offrent quatre-vingt-quinze degrés au goniomètre, tandis que les deux autres opposés présentent cent cinq degrés.

Le prisme de l'émeraudine offre encore une singularité remarquable, c'est que ses faces présentent alternativement des stries parallèles et transversales.

Quoique les minéralogistes précités aient rangé le béril et l'aigue-marine dans la classe des émeraudes, elles ne leur ressemblent que parcequ'elles offrent des prismes hexagones. La manière dont elles se comportent au feu indique qu'elles en diffèrent, puisque le béril y prend une couleur nacrée argentine et brillante.

Les bérils se trouvent souvent offrir des masses du poids de soixante à quatrevingts livres, formées par la réunion de crystaux qui ont huit et dix pouces de long sur plusieurs pouces de diamètre.

Quant à la pierre verdàtre, opaque de Limoges, elle ne me paraît être qu'une espèce de quartz combiné avec près d'un vingtième d'alumine qui détermine la forme prismatique tétraédre qu'affecte cette pierre.

J'ai fait connaître que la plus petite portion d'alumine combinée avec le spath calcaire faisait prendre à ce sel une forme prismatique tétraédre ; ce qui est remarquable dans l'arragonite de Bastan.

J'ai reconnu la présence de l'alumine dans l'émeraudine de Limoges, en la vitriolisant à deux reprises, par la distillation avec deux parties d'acide vitriolique concentré ; ce qui indique que cette pierre contenait par quintal un vingtième d'alumine : ce qui restait était du quartz divisé, lequel ayant été coupelé avec douze parties de plomb, s'est vitrifié, et n'a laissé sur le bassin de la coupelle aucun indice de substance métallique : une égale quantité de sablon ayant été coupelée en même temps, s'est comportée de même.

———

## Mes regrets.

Etant intimément convaincu que les pétrifications, ainsi que les impressions des plantes, sont des archives authentiques que la nature nous offre, pour nous faire connaître les subversions que le globe a éprouvées, je me suis attaché, depuis plus de cinquante années, à rassembler ces divers objets, qui ont concouru à me démontrer que la partie de la terre que nous habitons avait existé sous une zône différente, puisqu'on trouve des impressions de fougères d'Amérique dans les pierres qui servent de toit aux mines de charbon du Forez.

Les coquilles pétrifiées que nous trouvons en France, offrant des espèces différentes de celles qui sont dans nos mers, mais congénères de celles qui existent dans les contrées brûlantes de l'Amérique, étayent encore la théorie de la subversion de l'axe de la terre.

Les naturalistes ont reconnu que chaque partie du globe offrait des productions différentes qui indiquent les contrées qui leur sont propres.

C'est après avoir étudié avec soin les ouvrages qui traitent des pétrifications, que j'ai décrit dans mes Institutions de physique les pétrifications des corps organisés dont il n'est pas fait mention dans ces beaux ouvrages. Ces objets se réduisent à une centaine, que je desirais faire dessiner et graver; ce qui rendrait un service essentiel à ceux qui étudient l'histoire naturelle.

J'ai commencé par faire dessiner quelques uns de ces objets; mais ayant été dépouillé de toute ma fortune, je n'ai pas pu donner de suite à cette entreprise. C'est afin d'y parvenir que j'ai sollicité depuis douze années les divers ministres de l'intérieur, afin de pouvoir être aidé; mais je n'ai pu obtenir d'eux ce que j'avais droit d'en attendre : cependant il n'en coûterait pas plus de 10 ou 12,000 fr. pour parfaire un ouvrage utile aux sciences, et qui honorerait le ministre éclairé, ainsi que le souverain par la munificence duquel cet ouvrage aurait vu le jour.

---

## *Anecdotes.*

La seule personne qui s'intéressât à moi, pendant mon incarcération, ayant été prier Fourcroy (1), membre du Comité de

---

(1) Son patriotisme fut si fameux que la commune de Paris le nomma suppléant de Marat à la Convention.

salut public, de concourir à mon élargis-
sement, il répondit : *Je me garderai bien
de parler de Sage ; il faut lui fournir des
livres, parcequ'il doit rester en prison
jusqu'à la paix.* Mais on parvint, à prix
d'argent, à obtenir ma liberté. Les membres du Comité de salut public, qui avaient
médité mon absorption, dressèrent un second mandat d'arrêt contre moi, ce qui
me détermina à me réfugier pendant dix-
huit mois dans un hameau du canton
d'Oucque, où il n'y avait que trois feux ; et
c'est à quarante lieues de Paris, dans un
pays où je n'avais pu encore être utile, que
je reçus des habitants la marque de la plus
haute considération. Il était alors question
d'un emprunt forcé ; ils mirent après mon
nom, sur leurs rôles : *Celui auquel il ne
reste que sa célébrité ne peut être imposé.*

Les savants dont je combats la doctrine
m'ayant peint à Bonaparte comme réfrac-
taire et partisan de l'ancien régime, je ne
fus pas compris parmi les élus de la *Légion
d'honneur.* J'exposai par écrit à Bonaparte
qu'il était étonnant que des savants, dont

le nom seul faisait l'éloge, n'y eussent pas été compris ; que je ne réclamais pas pour moi ; qu'il me suffisait de jouir de l'honneur d'avoir fondé la première Ecole des mines et élevé un monument à la France. Bonaparte étant venu le visiter me dit en m'abordant : *Croyez-vous toujours au phlogistique? pour moi je n'y crois pas.* Ma réponse fut : Cela n'empêche pas qu'il existe comme principe de la lumière, de l'électricité sidérale, du calorique, etc. Il me dit ensuite : *Je ne crois pas à votre doctrine.* Je lui répondis : Cela n'empêche pas qu'elle subsiste sans abstraction. *Mais, comment vivez-vous avec vos confrères? car ils sont tous contre vous.* Fort bien, fut ma réponse, parceque je n'en vois aucun.

Lors du séjour volontaire du Pape à Paris, ce saint père, m'ayant pris en affection, m'invita à aller le voir souvent ; ce que je fis avec d'autant plus de plaisir que sa conversation était intéressante et instructive. Il avait admiré mon établissement à la Monnaie ; je lui dis que j'avais sacrifié mon bien pour le former, et qu'en reconnaissance j'avais été dépouillé de toute ma fortune pendant la révolution.

Le Pape m'engagea à faire une réclamation qu'il se chargea de remettre à Bonaparte ; ce qu'il fit le jour où il baptisa, à Saint-Cloud, un des enfants de la fille de madame de Beauharnais.

Malgré la très sainte protection du plus respectable des hommes, Bonaparte ne porta aucune attention à ma demande, disant à M. Fouché, ministre de la police, *que j'étais riche.*

M. Corvisart lui ayant exposé, il y a trois ans, que j'éprouvais des besoins, il me donna une pension qui représentait la moitié de celle que le Directoire m'avait accordée, et dont j'avais été privé par M. Chaptal.

On avait prévenu si défavorablement Bonaparte contre moi, que lui ayant demandé à être aidé pour imprimer mes Institutions de Physique, il me refusa. Cela ne m'empêcha pas de lui écrire en faveur d'un des hommes que j'estime le plus pour

son talent et pour ses qualités person-
nelles ; c'est M. Brifaut, l'auteur de *Ninus*,
dont il arrêta la représentation de sa tra-
gédie de *Jeanne Gray*, lorsqu'elle était à
la cinquième répétition. Il s'en fit faire la
lecture, et demanda à la fin du troisième
acte comment finissait *Jeanne Gray*. On
lui dit : *Sur un échafaud.* Il répondit : *Il
faut changer ce dénouement ; je ne veux
pas qu'une reine périsse sur l'échafaud.*
On lui représenta que c'était un trait his-
torique qui ne pouvait être changé : *Eh
bien, on ne jouera pas la pièce,* repli-
qua-t-il.

Ayant écrit à Bonaparte que mon ami
Brifaut était sans fortune, que le succès
de cette pièce était assuré, qu'elle com-
mencerait honorablement sa réputation,
qu'elle devait lui produire en même temps
de quoi subvenir à ses besoins, et qu'il
était de sa munificence d'y pourvoir, il ne
me fit aucune réponse.

Croyant trouver dans madame Bonaparte un appui pour cet intéressant jeune
homme, je m'adressai trois fois à elle, et je

n'eus pour toute réponse : *L'empereur a promis qu'il lui ferait une pension, et il ne manque jamais à sa parole.* Elle a cependant été sans effet.

J'étais directeur de l'Académie royale des sciences à l'époque où commença la révolution ; je m'étais fait un devoir, pendant mon directorat, de mettre en ordre et de faire réparer la précieuse collection de machines et d'objets d'art qui était dans le cabinet de l'Académie, et d'étiqueter tout ce qui tenait à l'histoire naturelle.

Louis XVI se rendit un jour dans ce cabinet où je passais toutes les matinées ; il resta avec moi plus d'une heure à le parcourir : ce prince me parut beaucoup plus instruit que je ne le croyais. Lorsqu'il se retira, je l'accompagnai par la galerie jusqu'au château des Tuileries ; et comme il me remerciait en me témoignant qu'il avait eu du plaisir à passer la matinée avec moi, je lui dis : Que la collection d'objets d'art qui était dans son garde-meuble ne manquerait pas de l'intéresser ; qu'en ayant fait la description par son ordre, je lui ferais voir les objets les plus intéressants ; qu'ensuite je le supplierais de venir voir, à la Monnaie, le cabinet de l'Ecole des Mines qui lui devait naissance. Ce prince me répondit en me serrant la main : Je me garderai bien de me retrouver avec vous ; cette garde civique a observé que j'y trouvais du plaisir, elle ne manquerait pas de vous dénoncer comme suspect.

C'est dans une séance de l'Académie des sciences, sous mon directorat, que Bailly et Condorcet (1) invitèrent conjointement les académiciens à ne pas manquer de se rendre à l'assemblée de leur section. Je leur répondis : L'Académie ne peut ni ne doit s'immiscer dans les assemblées populaires ; elle doit son existence au roi, et ne peut ni ne doit entreprendre rien qui attente à son pouvoir. Je vois, messieurs, qu'on médite un nouvel ordre de choses ; mais je dois vous faire observer que si les révolutions

_______________

(1) De ces deux coryphées de la révolution, le premier perdit la vie sous la hache patriotique. Le second, ayant été arrêté dans le cabaret d'un village près Paris, fut mis dans une prison, où il s'empoisonna.

ont concouru à civiliser des hordes bar-
bares, l'inverse pourrait bien arriver, et
un peuple civilisé devenir barbare.

Un de mes confrères, qui a joué un grand
rôle dans la révolution, m'accompagna au
sortir de l'Académie, et me dit : Je suis bien
fâché que vous ayez émis votre opinion ;
elle vous nuira par la suite, car il est question d'un nouvel ordre de choses. Je lui
répondis : Tout est à craindre quand cela
provient de la populace ; elle est toujours
sanguinaire.

La seule personne qui s'intéressât à moi
pendant mon incarcération croyant trouver dans cet antropophage, que j'avais
obligé autrefois, et qui était lié avec les révolutionnaires les plus forcenés, un moyen
de me retirer des cachots, l'alla trouver, il
lui dit avec hauteur : *Personne ne peut
parler de Sage. Il a une tache d'huile in-
effaçable. Il recevait la reine chez lui. On
connaît d'ailleurs son opinion ; il l'a ma-
nifestée trop haut à l'Académie.*

FIN.